Puntos de mira:
Jabalí

LA ROSA BLANCA
Colección Poesía

Punto de mira: Jabalí

Teresita Herrera Muiña

Publicaciones Entre Líneas

Punto de mira: Jabalí
Primera edición, 2020

Composición, diseño interior:
Pedro Pablo Pérez Santiesteban.

Diseño de cubierta:
Pedro Pablo Pérez Santiesteban.

© Teresita Herrera Muiña, 2020
© De esta edición: Publicaciones Entre Líneas, 2020

ISBN: 9798686556942

Miami, Florida, EE.UU.
www.publicacionesentrelineas.com

Este libro no podrá ser reproducido ni total, ni parcialmente.
Todos los derechos reservados por la autora.

A Graciela, in memorian

Unas palabras para este poemario

Estamos ante un libro donde la poesía se posesiona férrea para llevar mensajes y sentimientos que requieren de la atención en su lectura, porque su autora, la poeta cubana Teresita Herrera Muiña cuenta en su haber con el dominio de una técnica limpia en su estructura que, aunque guarda asimetría entre sus versos, tiene como resultado de manera antagónica, una simetría perfecta, cerrando siempre con un final bien logrado, haciendo a veces de ese último verso la poesía en sí misma.

La poeta navega con el análisis profundo de diversas situaciones de la vida y las cubre con metáforas que nos llevan a la reflexión, por ejemplo, cuando dice:

En un año cualquiera antes de morir,
nos echamos a lomos una sombra,
que se burla desde un reflejo inesperado,
porque el Hombre es duende en el Espejo;
la vida es cimitarra y nosotros,
las manos atadas, cercenamos el golpe…

Teresita no se detiene en el camino fácil de la poesía, ella con destreza indiscutible nos lleva por pasillos que dentro de su oscuridad nos deja ver la luz.

Solo tengo mi voz abierta,
mía solo es la piel que cubre las mañanas;

no tengo más que un sueño conjugado en infinito,
sombra al cerrarse alguna puerta;
eso es mi patrimonio, que es tuyo también,
porque estás dentro de mí y voy a tu encuentro,
no importa tus ojos se silenciaran hace siglos,
o ahora tu paso iguala al mío.
Nos hermana el amor por una nube lejana.

En su poema "Ronda incoherente para Ofelia y Lucifer", cierra sabiamente con los siguientes versos que alivianan la historia y deja en el umbral a la esperanza:

[…] El ruiseñor abre trinos al día,
como mariposa el alba se dilata,
se despiertan los sueños oprimidos.

Es irrefutable su calidad poética y la ubica entre las voces féminas que engrandecen la poesía contemporánea.

Pedro Pablo Pérez Santiesteban
Publicaciones Entre Líneas.

# Espiral número cinco
Punto de mira:
Jabalí

En un año cualquiera

En un año cualquiera antes de morir,
nos echamos a lomos una sombra,
que se burla desde un reflejo inesperado,
porque el Hombre es duende en el Espejo;
la vida es cimitarra y nosotros,
las manos atadas, cercenamos el golpe.
El Hombre reconstruye su estatura,
ruge cuando el huracán canta,
él mismo es silencio, búsqueda,
y prestamos las huellas que no son más que imagen,
y al final el Espejo como intercambio.

De un ayer victorioso

Hay un vaso dispuesto,
una porción de músculo precipitase a ser identidad,
luego un Espejo nos mira asombrado;
¿los relojes?
flechas en el tiempo, ¿lo que soñamos?
círculos de un guijarro en la calma del río;
mientras, dentro acunamos una copa
que puede ser roja o blanca,
porque en definitiva, vivir es fabricar estrellas.
Que importa una llave sea herrumbrosa o
                              brillante,
si cruzamos invictos un jardín ignorado.

Es espada

La noche cargada de susurros,
es espada,
que dejamos como arco luminoso
sobre el camino,
la guitarra en cien huellas,
el reloj delineando de recuerdos;
un día encontramos la muerte deliciosa,
alzamos los ojos,
marcha de lo vivido que nos escuece,
voz
presta a rehacer auroras.

Un hombre en el fondo de un cenicero

Un pijama doblado bajo la almohada,
un escondido sueño;
un hombre no es más que la medida de sus zapatos
o su traje,
un fantasma se dispone a un viaje
                      y toma su valija,
los muebles nos indican que está muriendo
un pedazo de infancia.
Un hombre se nos clava en las costillas,
y nos dice, hay una flor más en el jardín;
después, la sombra rueda en las alcantarillas,
y el hombre no es más que un grito desde
                      un cenicero.

Eso: patrimonio

Solo tengo mi voz abierta,
mía solo es la piel que cubre las mañanas;
no tengo más que un sueño conjugado en infinito,
sombra al cerrarse alguna puerta;
eso
es mi patrimonio,
que es tuyo también,
porque estás dentro de mí y voy a tu encuentro,
no importa tus ojos se silenciaran hace siglos,
o ahora tu paso iguala al mío.
Nos hermana el amor por una nube lejana.
El viento circulando en el vértice de la noche.
El canto de la hierba y el beso.
Los sueños que el ansia deposita en el corazón,
ahí estarán cuando el eco de nuestra estancia
quede envuelto por las hojas,
o en la mirada de los astros en el cielo...

Cuando la sombra baila en fortuitas huellas

El chorro de agua cada mañana;
hunde tu realidad ingobernable;
quema los sueños que el occipital oprime,
intocable espejo en taza de café.
Recobra los pasos,
búsqueda en el sol matinal,
La calle saltando a tu encuentro
los pies sobre el tiempo,
y cuelga de tus manos la respuesta;
hombre siempre viaje,
ceniza detenida en los relojes
cuando la sombra baila en fortuitas huellas.
Eres el rostro múltiple,
identidad computada a dos dimensiones,
y el retomo es zapatos y cinturón como ecuador;
entre sábanas queda la gran interrogante,
devorada por sueños
frente al agua matutina.

Canción de la sombra repartida

Llevando los zapatos me queda la sonrisa,
mi espacio cierra cuando no estoy;
amo la duda,
porque ella responde y las pisadas
se vuelven silencio.
Válida es la sombra arrullada en el río
por pájaros y nubes,
y la hierba que guarda las voces que me precedieron;
solo queda el sueño con su alerta profundo
de tardes marineras en viajes no emprendidos.
Frente al espejo
mi duda, mi sudor, la imagen de mi sueño;
bebe lo que sostienen el cabello y los pies,
acuna en los labios el borde de la copa,
hurga el círculo que fue mío,
y será tuyo después.
No importa si estás a mi lado o nos separan cien años,
porque mío será tu canto;
hay copas y vinos y sueños,
pájaros, nubes,
sombras que quedan,
misterios sonriendo en todas las pupilas.

Espiral número siete: A través de los espejos

Ronda incoherente para Ofelia y Lucifer

Casiopea hace guiños embarazados de luz,
avanza la sombra;
los cuervos abren una puerta;
    —el infierno nos pertenece—
salta la ausencia de calderas, fuego, pinzas,
es nuestro en el silencio,
clama desde el fondo de la médula;
burla de Lucifer *cualquierapellido*,
¿Dónde Ofelia entre rosas, Hamlet interrogante?
El ruiseñor abre trinos al día,
como mariposa el alba se dilata,
se despiertan los sueños oprimidos.

Si de las ruinas circulares un día...

I

Si las medusas pueden aplastarse,
o un hombre bajar al fondo del mar
a rescatar un rostro de diosa
que creó otro hombre,
muerto hace más de un milenio;
si un viajero abre una puerta
y se encuentra en unas ruinas circulares,
donde sueña con un corazón inmenso,
que bien puede ser una medusa,
o quizás la máscara de una estatua
con grandes rizos de algas.
¿Cómo sollozar ese sentimiento de infinito?
si cada cosa salta de su puesto,
y los espejos devuelven
un rastro de estrellas en las pupilas.

II

Tú, yo, todos, no somos más que un poco de ceniza
escurriéndose entre las migajas del sueño,
como las gotas
que caen sobre las piedras donde alguien
dibuja con dedos finos un cálido corazón,
dueño absoluto de la presencia,
que puede caer indemne
cuando el fuego lo devore,
y las llamas resbalen sobre el prisma
                    que revela el sueño.

A la sombra de la vigilia

Nada existe.
Solo es real el mundo onírico,
y es muerte;
lo otro no es más que un muro
que nos ha crecido sin puertas,
en el cual se estrella lo más secreto.
Después lo incierto
como pantera dispuesta a saltar;
siempre la duda es pedrada.
Y todo se nos queda entre los dedos.
Nada existe.
Solo la muerte imperiosa en las pupilas del sueño.

Ronda contradictoria entre sombra y sueño

Todo existe. No es real el mundo onírico,
lo que germina a la sombra de la vigilia,
el vaso colmado en las madrugadas.
Solo es real el órfico mundo,
que borra el tránsito de la vida.
Nada existe.
Solo la muerte en las pupilas del sueño.
Y todo se nos queda entre los dedos,
como hoja arrastrada por el lodo;
distante siempre la duda,
que nos ha crecido sin puertas.
Nada existe.
Solo es real el mundo onírico...

Despejando incógnitas

Nada existe.
Solo es real el mundo onírico,
que nos ha crecido sin puertas;
siempre la duda,
como hoja arrastrada por el lodo.
Y todo se nos queda entre los dedos.
Nada existe.
Solo la muerte en las pupilas del sueño,
que borra el tránsito de la vida.
Solo es real
el vaso colmado en las madrugadas,
lo que germina a la sombra de la vigilia.
Todo existe.
No es real el mundo onírico.

ововOC

Espiral número nueve: A lomos del planeta

Desembarco de identidades

Dulce hierba cantando infancia
alcanza el dintel de la mañana,
con ternura el sol alimenta gorriones,
mientras los dedos de la brisa
desordenen el abanico del algarrobo.
Van los pasos a la espalda,
la guitarra almohada,
bajan los pastores de ensueños
ovillándose perpetuos.
En pie,
identidades diminutas que estrenan nuevos
                                            cantos.

Recuento sobre la hierba verde

Manos apuntando desde la hierba,
canto de infancia,
la ciudad es sus rostros desconocidos;
un parque fue exclusa en la niñez
y reaparece a mitad del camino.
Vuelvo los ojos,
otros arrastraron sus huellas por estas
                              aceras,
y viven en el viento,
como sombras de los que no han nacido
y un día desembarcarán
la semejante ilusión.
El tiempo ve deambular los tránsfugas,
cargados bajo los sueños hermanos,
arrullados por la eterna hierba,
                      o por el eco manso del río.

Combatiendo espacios con las manos desnudas

El hombre forja caminos en pos de sueños,
abre proa en cada despertar
escapando siempre del espectro en sus zapatos;
sale al combate con las manos desnudas,
cuando solitario bajo las estrellas golpea la piedra,
pactando heredades en lo infinito.
Un hombre *contrareloj* limita espacios
en regreso conquistado a dentelladas;
es más que sudor y sueño insomne;
lleva sobre sí el cadáver inquieto,
es la envoltura de los cotidiano
que va del orgasmo matutino hasta la visión
de lo que perece;
bracea como pez abisal,
el hombre entrega su cabellera al viento,
abraza la guitarra
          y canta.

Ecos en cada recodo del camino

Anda la ciudad en la hora del crepúsculo,
Cubre tus hombros con camisa obrera
que marcha de la fábrica;
cuelga de los puentes tus contradicciones.
Vuelve la página en blanco
y sumérgete en la ola que invade las
                            respiraciones.
La noche vendrá de nuevo,
con paso de miradas vueltas adentro,
y el silencio rezagado que crece.
Llénate de la onda de vida en la que estás
                            inmerso;
asume las palomas inquietas y la lluvia
que nos trajo la herencia de los que enmudecieron,
toma, lo que te ofrece otra mano,
como quien entra en la tarde y sueña.

Voces del verano

Desglosada la ciudad, campos de labranza
que abarca la visión de la muerte.
A tierno clavel que empurpura la lluvia primaveral.
Canción en la mochila,
Cargamos el esqueleto de otros sueños,
antaño martillados en nuestros genes.
Deambulan los abuelos las aceras divisorias,
Un pastor y su rebaño detienen la bocaza del tiempo.
Voz en torres de petróleo o modulo lunar.
Eco de su siglo,
somos,
ciudad pedrada desde el verano repetible,
geografía de los rostros en alas de palomas.
Hombreamediocamino,
desdobla la pisada que cuidadoso plasmó otro
                                      hombre
en búsqueda remota;
y transmitimos,
la voraz inquietud de la almohada,
germen desafiante vuelto canto
y semilla.

Palabras por toda defensa

Sol abierto,
seno materno, balbuceos,
meta cotidiana una pelota, una concha;
estatura en primavera,
atrás crece la sombra
roedora de ilusiones
ya el esqueleto se precipita como almacén
                    de inquietos moradores,
y lo vivido son huecos donde colgamos rótulos
que despachan una historia.
Los ojos se alimentan de palabras,
cadáveres que caen como maizales en otoño;
luego nos incendian nuevos vocablos
                    y matices,
así en el despertar nos oprime lo capturado
y como niños nuestro mundo es una rana.
Volvemos al sendero
la mirada,
y de nuevo el disfraz de las palabras
como útero prenatal.

Espiral número once: Crónicas para un aprendiz de homo sapiens

Crónicas para un aprendiz de homo sapiens

I

Estoy la voz prestada;
en la hoguera de Medioevo
un hombre consume su canto,
y yo tomo sus células, acordes ardientes
bajo mis cabellos incubi ensueños
el romano o la verdulera,
el descarnado que dibujó la Ciencia
en los muros del convento,
también ese
que abuelos no es más que semen.
Así mi guitarra de espuelas desconocidas,
seguirá cantando cuando yo no esté;
y el bronce caldeo, las chispas medievales o el
                              uranio por llegar
viven en mi espejo,
porque eterna es la voz del aprendiz en su paso.

II

Como cazador enarbolas la guitarra;
amo el dulce sueño que robaste a la muerte,
o la canción conquistada
por un poeta que no ha nacido,
dueño de las estrellas.
Vamos tú y yo mundo nuevo,
mío es tu canto ya perdido,
el viento de la noche en los tejados;
reposa tu imagen en aquel
que es tu semejante,
comparte almohada, furor, sueños.
No importan los siglos,
Tus dedos en mis cuerdas me dicen
                    del tránsito;
ya el verano enjuga de lluvia tus canciones,
acaricia el vientre del amor;
tu *versoagolpe*, heredad de futuros trovadores;
no es propio lo que amaste,
llénate, pues, de paloma y río.

III

El corazón como único templo,
una voz partida en los astros,
te ofrezco,
el gran sol que nos calienta
vuelto diminuto en cada gota de lluvia,
baño de gorriones que grita la primavera;
asfalto revuelto bajo los pies fatigados,
que inoculan en mil poros
la existencia.
Deposito alegre herencia en tus manos,
mi corona de humanidad
y aprende,
que el concierto fue mío,
porque el segundo violín es pelirrojo;
para ti será estreno
tendrá quizás rubios cabellos,
hay Mozart renacido cuando comienza la orquesta.

IV

Grillos en la noche y un nuevo verano
a lomos del planeta;
el pastor sumerio impregnó la *piedralmohada*
			de sueños,
a iguales acordes,
el soldado de ricardo tercero en oscura batalla
entregó fatiga a croar de ranas.
Mi hermano de la cordillera y yo,
bebemos del oasis nocturno y el estío
bajo inmutables constelaciones,
ojos desde arriba para ti que vendrás.
Imagen al costado,
una voz a saltos sobre el almanaque;
semejante el sueño,
irrepetible la noche,
germen de piel común,
transmitido como señales matemáticas.

Primavera en retoños redimidos
va el poeta, la calle de la tarde,
conjunción de sueños,
sol, paredes, labios,
células confrontando versos;
eco en espiral de siglos,
tiza y manos sobre puertas.
Nueva hora bajo los párpados,
miro el techo, pájaros cantando
sonríen como ébano.
Ven aquí si no has nacido o calla
           desde el Medioevo,
mide simiente y futuro,
voces en los espejos,
aunque el silencio vuelva;
y el estrecho lecho,
conmigo y cien mil fantasmas
como espadas.

Índice

Unas palabras para este poemario/ 7
Espiral número cinco Punto de mira: Jabalí/ 9
En un año cualquiera/ 11
De un ayer victorioso/ 12
Es espada/ 13
Un hombre en el fondo de un cenicero/ 14
Eso: patrimonio/ 15
Cuando la sombra baila en fortuitas huellas/ 16
Canción de la sombra repartida/ 17
Espiral número siete: A través de los espejos/ 19
Ronda incoherente para Ofelia y Lucifer/ 21
Si de las ruinas circulares un día…/ 22
I/ 22
II/ 23
A la sombra de la vigilia/ 24
Ronda contradictoria entre sombra y sueño/ 25
Despejando incógnitas/ 26
Espiral número nueve: A lomos del planeta/ 27
Desembarco de identidades/ 29
Recuento sobre la hierba verde/ 30
Combatiendo espacios con las manos desnudas/ 31
Ecos en cada recodo del camino/ 32
Voces del verano/ 33
Palabras por toda defensa/ 34
Espiral número once: Crónicas para un aprendiz de homo sapiens/ 35
Crónicas para un aprendiz de homo sapiens/ 37

I/ 37
II/ 38
III/39
IV/ 40
V/ 41

Otro poemario de Teresita Herrera Muiña
bajo el sello de Publicaciones Entre Líneas

Disponibles por Amazon

Lanza aguda llevan los versos de esta poesía para cazar al jabalí y convertirlo en libro que va para la imprenta en el mes de septiembre de 2020 en los Estados unidos de América y para el mundo...

Made in the USA
Columbia, SC
17 May 2021